かわいい！がいっぱい

100円ショップで はじめての手芸

2 ビーズ・プラバン・レジン
でつくる

ポプラ社

この本の見方

最初はかんたんな作品から
チャレンジしてみてもいいね!

①
おおよその作業時間を
しめしているよ。

②
むずかしさのレベルだよ。
★ は初級、★★ は中級、★★★ は上級。

③
作り方の補足や注
意するポイントを
説明しているよ。

作業時間
**1時間
30分**
レベル ★★★

おにぎりの
ランチバンド

おべんとう箱のふたをとめるランチバンド。
ビーズのおにぎりをつければ、おべんとうが
楽しみになるね!

16

ぬった糸を切らないように気をつけてね!

22 ⑳のおにぎりの裏に接着剤をつけ、も
う1枚のフェルトにはりつけてよくか
わする。

23 おにぎり形にそって、フェルトを
切ったら、裏に接着剤をつける。

できた!
ランチバンドに
はりつけたらできあがり!

ビーズ

Arrange
アレンジ❶ へんしん! **ウメおにぎり** 赤いウメがアクセントに
なってかわいいよ!

材料・道具
◇型紙（→ページ）　◇フェルト…一辺が約5cmの正方形を1枚　◇糸…白いミシン糸
◇ビーズ…丸ビーズの白（米）、赤（ウメ）、黒（のり）
◇針…ビーズ用、ぬう針　◇はさみ　◇チャコペン

糸の長さや最初の糸の玉結びは
「おにぎりのランチバンド」と同じだよ!

1 型紙を写したフェルトの真ん中から
針を出し、赤いビーズを1個ぬいつけ
て、裏で糸はしと固結びする。

2 ❶のまわりにビーズを3個ずつ、ぐ
るっとぬう。

3 黒いビーズを線にそってぐるっと3個
ずつぬいつけたら、裏で糸はしと固結
びする。

4 新しい糸を針に通し、白いビーズを3個
ずつ、のりのすぐ内側から順にぬう。す
きまは、1個ずつビーズをぬってうめる。

できた!
裏で糸を固結びして、おにぎりの
形にそって、フェルトを切ったらでき
あがり。

マメおにぎり（型紙39ページ）も
作ってみてね!
マメは丸大ビーズの黄緑を使うよ!

19

④
作品に使う材料や道具を参考に、
自分の好きな色の材料や使いやす
い道具などを選んでね。

⑤
かんたんにできるアレンジの
アイデアを紹介しているよ。

※1　作業時間には、ニスや接着剤をかわかす時間はふくまれていません。
※2　材料や道具は2024年6月時点の商品です。購入時期や商品により、100円ショップでは取りあつかいが終了している場合があります。

もくじ

おもな材料と道具 4

材料や道具の使い方 7

ビーズ

文字入りブレスレット 10

ビーズのキーホルダー 12

　アレンジでへんしん！ ロゼッタのブローチ 15

おにぎりのランチバンド 16

　アレンジでへんしん！ ウメおにぎり 19

プラバン

リボンのヘアクリップ 20

　アレンジでへんしん！ カラフルリボン 23

たいやきとお茶のマグネット 24

ロケットと UFO のバッグチャーム 26

おばけのブローチ 28

レジン

ドライフラワーのヘアゴム 30

クマのきらきらマグネット 32

ネコのシェイカーキーホルダー 34

型紙 38

おもな材料と道具

この本で使うものを紹介するね。100円ショップや手芸用品店などでそろえられるよ！

買いに行く前に家にあるかどうか確認してね。

共通の材料と道具

●接着剤
接着剤は性質や用途がちがうものがいろいろある。

> ビーズは布用タイプ、プラバンとレジンは金属とプラスチック両方に使える多用途タイプのものがおすすめ。かわくととうめいになるものも便利。瞬間接着剤は強力で危険なので、つけるのは大人にやってもらおう。

●はさみ
布を切るためのたちばさみや、糸を切るときに使う糸切りばさみなどいろいろな種類がある。

> ふだん使っている使いやすいはさみでいいよ。ただし、プラバンの細かいところを切るときは、細めの刃のはさみが使いやすいよ。

●マグネット
ロール状や丸い形のものなどいろいろなマグネットがある。プラバンとレジンにはって使う。

> 接着材やはさみが必要ない、粘着テープつきのマグネットタックピースも便利。磁力が特に強力なマグネットは、危険なので大人に確認してから買ってね。

●スナップフック
キーホルダーなどに使われる金具。ビーズとレジンで使う。

ビーズの材料と道具

●ビーズ
色や形もいろいろあるよ！

ビーズの種類は「丸小」や「丸大」などと表されるが、同じ種類でもメーカーやシリーズによって、穴の大きさや直径がことなる。ビーズを用意するときは、同じメーカーのものにするとよい。

●ビーズ用ししゅう針
ビーズの穴に入るように針が細くできている。

●糸
ミシン糸や手ぬい糸、ししゅう糸などがある。この本ではミシン糸を使う。

手ぬい糸 / ミシン糸 / ししゅう糸

●テグス
とうめいな糸。ビーズを通すときに使う。

●布
素材、色などさまざま。厚さのうすいものを使う。

●フェルト
布の一種。切りっぱなしでもほつれない。あらえるものもある。

●くるみボタンキット
くるみボタンを作るための道具がセットになっているもの。

● ブローチピン
取りつける面が平らになっているピン。

● グログランリボン
長期間使用しても形がくずれにくいじょうぶなリボン。

● イニシャルチャーム
アルファベットのかざり。

> 自分や推しのイニシャルを選んでね！

● チャコペン
布に図案をかくときや印をつけるときに使う。

- 消えるチャコペン
- チャコペン

> 時間がたつと自然に消えるチャコペンが便利だよ！

● 定規
布のサイズをはかったり、印をつける位置をはかったりするときに使う。

> とうめいの方眼定規がおすすめ！

● 両面テープ
布をはり合わせることができる布用両面テープを使う。

プラバンの材料と道具

● フロストタイプのプラバン
プラスチックのうすい板。あつかいやすい、フロストタイプのものを使う。

> 厚さは0.3mmがおすすめ！

● 画材
油性マーカーや水性マーカー（プラスチックにかけるもの）、色えんぴつを使う。

● アルミホイル
熱に強く、熱を早く伝える性質がある。プラバンを焼くときに使う。

● ニス
水性アクリルニスを使う。プラバンの表面を保護し、ツヤを出すことができる。

● ボールチェーン
軽いものをつり下げる金具。この本ではプラバンをつるすときに使う。

● クッキングシート
熱に強い紙。プラバンを焼くときに使う。

● オーブントースター
プラバンを焼くときに使う。高温になるので、取りあつかいに注意が必要。

> 食べ物を焼いたりあたためたりするものだから、大人に使っていいか聞いて、かならず大人といっしょに使おう。

● トレー
プラバンを平らにするときに使う。耐熱性で平らなものがよい。

● 穴あけパンチ
プラバンに穴をあける道具。一穴タイプのものを使う。

● 筆
ニスをぬるときに使う。

> この本の作品にニスをぬるときは、幅6～8mmほどの平筆がおすすめ。

レジンの材料と道具

●UV-LEDレジン
紫外線(UV)やLEDライトでかたまる液体。

> とうめいのクリアレジンや、色とりどりのカラーレジンなどいろいろな種類があるよ！

●手ぶくろ
UV-LEDレジンがつかないよう、手を保護するために使う。ゴムやプラスチック製のものがよい。

●レジン調色パレット
レジンをまぜるための容器。

> 注ぎ口のあるシリコン製のものがおすすめ。

●レジン硬化用ライト
レジンをかためる道具。UV-LEDライトやUVライト(ブラックライト)などがある。紫外線をふくむ光を出す。

> 強い光は目に入ると危険なので、写真のような形のものがおすすめ。まちがって人に向けることがないし、ペンライトのように、ずっと持ち続ける必要がないから、手がつかれないよ。

●シリコンモールド
レジンの型。シリコン製でやわらかいので、かたまったUV-LEDレジンを取り外しやすい。

●やすり
手芸用のものを使う。やわらかいので、細かいところをけずりやすい。

●ネイルパレット
ネイルをするときに使うパレット。とうめいのうすいフィルム状のものを作品の材料として使う。

●丸カン
金具をつなぐために使う。

●ヒートン
ものをぶら下げるために使う金具。先がねじになっている。

●やっとこ
平やっとこと、丸やっとこがある。

平やっとこ　丸やっとこ

> 平やっとこは刃先の内側が平らで、金具の閉じ開きなどに使う。丸やっとこは刃先が丸く、金具を曲げるときなどに使うよ。

●ネイルブラシ
ネイルをするときに使うブラシ。この本ではUV-LEDレジンをぬるときに使う。

●調色スティック
レジンをまぜるときや、空気の泡(気泡)をつぶすときなどに使いやすい、レジン用のものを使う。

●つまようじ
シリコンモールドに、レジンを入れたときなどにできる気泡をつぶすために使う。

あると便利なもの

●レジンクリーナー
レジンの道具をきれいにするための液体。

> ネイルブラシは、レジン調色パレットに入れた少量のレジンクリーナーでしっかりあらってティッシュでよくふいておくといいよ。

材料や道具の使い方

ビーズ

ぬい始め

糸はしを裏で固結びしてビーズがぬけないようにする。

> ビーズが2個なら幅は2個分。3個なら3個分の幅と同じ長さのところに針をさすよ。

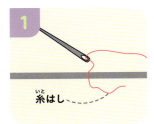
1 フェルトの裏から針をさして表に出し、糸はしを5cm残す。

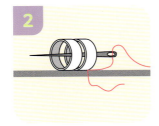
2 ビーズに針を通す。

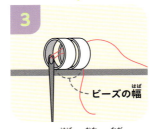
3 ビーズの幅と同じ長さのところに表から針をさす。

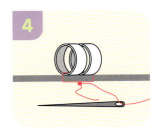
4 糸はしと❸でビーズに通した糸を裏で固結びする。

ビーズのぬい方（拾う）

糸を通したビーズにもう一度針を入れることを「拾う」という。

> ビーズを拾ったら、新しいビーズを針に通して❶❷をくり返してぬい進めてね。

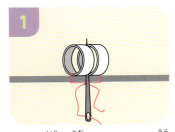
1 すでに糸を通したビーズの裏から針を出して糸を引き出す。

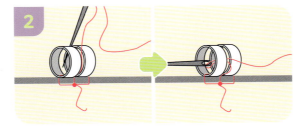
2 引き出した針でビーズを拾う。

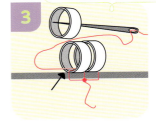
3 ビーズの穴に、糸が2本通った状態になる。

糸の足し方

糸が短くなり、足りなくなりそうなときは新しい糸を足す。

1 表　裏
糸が短くなったら、きりのよいところまでぬい、糸はしと裏で固結びする。

2 表
次にぬうところから、新しい糸を通した針を裏から表に出し、糸はしを5cm残す。

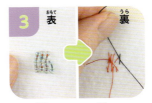
3 表　裏
ぬい始めのぬい方でビーズをぬい、❷の糸はしと裏で固結びする。

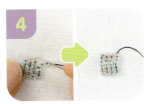
4 裏　表
裏から表に針を出し、ビーズを拾ってから針にビーズを通して、続きをぬっていく。

※わかりやすくするため、糸を足すときに色のちがう糸を使っています。実際は同じ色の糸を使ってください。

7

プラバン
フロストタイプのプラバンはザラザラした面に色をぬるよ。

ぬる順番

にじみやすい画材から

油性マーカー、水性マーカー、色えんぴつの順にぬるよ。

複数の画材を使う場合、にじみやすい画材から先にぬり、よくかわかしてから次の色をぬる。

きれいにぬるコツ

水性マーカーは手早く

ためしがきをして、インクの出る量を確認し、うすい色から順にぬってね。

水性マーカーは、インクがかわく前に手早くぬり広げ、厚ぬりしない。上から下、または左から右へ一定方向にマーカーを動かすとむらが少なくなる。

色えんぴつは重ねぬり

蛍光色の色えんぴつはあまり色がでないので注意してね。

色えんぴつは、やさしく同じ強さの力で、一定方向にぬってから、たて、横、ななめなど方向をかえて、重ねぬりをすると、むらなくぬれる。

焼き方

1
アルミホイルをオーブントースターの中にしく。

クッキングシートからプラバンがすべりおちないように気をつけてね!

2
クッキングシートに、色をつけた裏面を下向きにしてプラバンを置く。

ちぢみながら焼けるよ。

3
焼く。熱を加えるとすぐにやわらかくなってちぢんでいくので目をはなさない。

だいたい $\frac{1}{5}$ くらいの大きさになるよ。多少反っていても、だいじょうぶ!

4
ちぢむのが止まって、動かなくなるまでまつ。

取り出すときは大人にやってもらおう!

5
プラバンののったクッキングシートを取り出す。

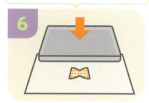

強くおさえると、プラバンがつぶれたり、われたりするから注意しよう!

6
プラバンがかたまる前に、平らになるようにトレーで5〜10秒、軽くおさえる。

⚠ 保護者・先生方へ

❶ プラバンを焼いて冷ますまでの作業は、必ず一緒に行ってください。

❷ プラバンを焼く時間は、機械によってことなります。事前に確認し、プラバンの説明書の加熱時間を目安にして、プラバンの様子を見ながら焼いてください。

レジン

UV-LEDレジンの性質と注意点

- 基本UV-LEDライトまたはUV（紫外線）ライトでかためる。
- 目によくないので、ライトは直接見ない。

レジンはお日さまでもかたまるけど時間がかかるよ。

ライトの強さによっても、かたまる時間に差があるんだ！

- かたまるとき、温度が高くなる。
- 作業中は換気する。
- 手ぶくろをする。

あつあつだよ〜。かたまっても熱がさめるまで気長に待ってね。

わすれずにつけてね〜♪

きれいな仕上がりにするコツ

ほこりを取る

始める前に、道具にほこりなどがついていないか確認し、ほこりがついていたらマスキングテープなどで取りのぞく。

ゆっくり入れる・まぜる

レジンをゆっくりと入れ、ゆっくりとまぜると気泡（空気の泡）ができにくい。気泡ができても、しばらく時間をおくと少なくなるので、先に作っておくとよい。

量はどのくらい？

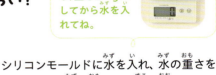

右の写真のようにシリコンモールドをおいたら、重さを0gにしてから水を入れてね。

シリコンモールドに水を入れ、水の重さをはかる。その水の重さより少し多めにレジンを用意するとよい。

気泡を取る

レジンに気泡ができたら調色スティックや、つまようじなど、先のとがったもので気泡をつぶしたり、すくい取ったり、こよりにしたティッシュペーパーですい取ったりする。

⚠ 保護者・先生方へ

❶ レジンやレジン硬化用ライトは、扱い方に注意が必要です。必ず一緒に作業をしてください。

❷ レジンは、強いにおいがある化学物質です。必ず、換気ができる部屋で作業するようにしてください。化学物質の刺激に敏感な場合は、マスクをしたり、ゴーグルをつけたりして防ぎ、体調が悪くなる場合は使用を中止してください。

❸ 肌にふれるとアレルギー症状に似た反応が出ることがあります。必ず手袋を着用するようにしてください。

❹ 肌にレジンがついたらすぐにふきとり、石けんでよく洗うようにしてください。

❺ 強い光は目に悪い影響を与えることがあります。レジン硬化用ライトの光を直接見ないようにしてください。

❻ レジンは揮発性なので、必ず硬化してから捨ててください。レジンをふき取ったティッシュペーパーなども、光を当ててから捨てましょう。硬化せずに捨てると、気化して体調不良の原因になることがあります。

ビーズ

文字入りブレスレット

ビーズは水にぬれてもだいじょうぶなので、
アクセサリーにぴったりだよ！

作業時間
10分

レベル ★

材料・道具

- ビーズ…アルファベットビーズ。好きなビーズ。どちらも手芸用ゴムが通る大きさの穴のもの
- 手芸用ゴム…長さ25cm、太さ1mmほどの細いもの
- はさみ
- 定規

作り方

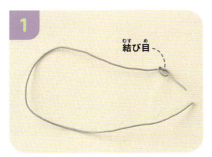

1 手芸用ゴムのはしを軽く結び、ビーズを通しても落ちないように結び目を作る。

2 配色を考えてから、手芸用ゴムの5〜7cmくらいまでビーズを通す。

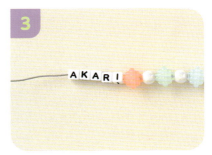

3 名前のアルファベットビーズを通す。

4 自分の手首に合わせて、サイズを確認したら、残りのビーズを通し、結び目をとく。

5 左の手芸用ゴムを下にして交差させ、そのまま上から下にくぐらせる。

6 右側にきた手芸用ゴムを上にして輪を作り、固結びする。

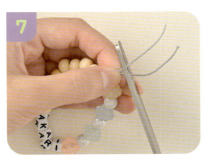

7 余分な手芸用ゴムを切る。

8 できた！ 文字入りブレスレットのできあがり！

アルファベットを友だちの名前やメッセージにして、プレゼントしてもいいね♪

ビーズのキーホルダー

くるみボタンを、きらきらビーズでふちどって
おしゃれなキーホルダーを作ろう!

作業時間
1時間

レベル ★★

材料・道具

- 布…一辺が約7cmの正方形を2枚(うすい布がよい)
- フェルト…一辺が約5cmの正方形を2枚
- くるみボタンキット…27mm用
- 糸…白いミシン糸
- スナップフック
- ビーズ…4mmのパール調丸ビーズ(くるみボタンふちどり用。写真はパールの色合いのちがうものを2種類使用)。好きなビーズ(下にぶら下げる用)
- テグス…30cm
- イニシャルチャーム
- グログランリボン…幅6mm、長さ5cmを2本
- かざり…リボンパーツなど好きなもの
- 針…ビーズ用ししゅう針
- 両面テープ…布用
- 接着剤…布用
- はさみ
- えんぴつ
- つまようじ
- 定規

作り方

1 用意した布とくるみボタンキットを使って、くるみボタンを2個作る。

2 くるみボタンの裏側にある、真ん中の金具を、えんぴつの背でおしてたおす。

3 くるみボタンのふちに、つまようじで接着剤をつけ、フェルトの真ん中にはりつける。

4 針に50cmに切った糸※を通し、裏から針を出す。糸はしは5cmほど残しておく。

7ページに、図でぬい方の説明があるよ!

5 ビーズを2個針に通し、通したビーズの幅(2個分)と同じ長さをあけて、表から裏へ針をさす。

糸は針に通したまま、切らないでね。

6 裏で最初に残しておいた、5cmの糸はしと固結び(7ページ)する。

ここからは1個ずつビーズをぬいつけていくよ!

7 1個目と2個目のビーズのあいだから針を出したら、2個目のビーズを拾う。

8 ビーズを1個針に通し、1個分あいだをあけて表から裏へ針をさし、3個目のビーズをぬいつける。

9 2個目と3個目のビーズのあいだから針を出し、3個目のビーズを拾う。

※❹〜❾まではわかりやすくするため色つきの糸を使っています。実際は白い糸を使ってください。

10 ❽と❾をくり返して、くるみボタンのまわりにビーズをぬいつけていく。

11 1周したら最初の糸はしと、裏で固結びして、余分な糸を切る。

ぬいつけた糸を切らないよう気をつけてね。

12 フェルトをビーズにそって丸く切る。同じものをもう1個作る。

13 グログランリボンのはしの表と裏に、両面テープをはり、1本はスナップフックに通し、輪にしてはり合わせる。

14 くるみボタンの真ん中に、❶❸のスナップフックに通したリボンを両面テープではる。残りの1本も輪にする。

15 残りのリボンを、写真のように真ん中にはり、全体に接着剤をつけて、もう1個のくるみボタンを重ねてはる。

16 イニシャルチャームを、切ったテグスの真ん中にくるように通してから、通したテグスのはしをまとめて持つ。

17 まとめた2本のテグスに好きなビーズを通す。

結び目が、リボンの下に来るように結んでね。

18 2本のテグスのうち、1本をリボンに通して、たるまないようにしながら、残りの1本と固結びする。

19 固結びしたテグスを1本ずつ、上から1個目と2個目のビーズに通す。

20 テグスが2本とも通ったら、ビーズのギリギリのところでテグスを切る。

できた！

かざりのリボンを接着剤でつけたらできあがり！

アレンジでへんしん！ ロゼッタのブローチ

フリルをつけてはなやかにしよう！

材料・道具
- ビーズのキーホルダー…1個（くるみボタンキット38mm用で⑫まで作る）
- フェルト…一辺が約5cmの正方形を1枚
- フリルリボン（フリルテープ）…幅約2cm
- ブローチピン…1本
- 両面テープ…布用
- 接着剤…布用
- はさみ
- チャコペン
- 定規

1 フェルトにくるみボタンキットの写真の部品を置き、チャコペンでまわりをなぞって、線にそって丸く切る。

2 くるみボタンキットで作った「ビーズのキーホルダー」を用意する。

リボンの長さを確認するよ！

3 ❷に、フリルリボンを巻いてみて、まわりの長さより少し長めに切る。

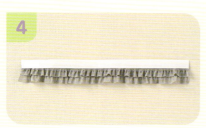

4 フリルリボンの表に、写真のように両面テープをはる。

5 両面テープの紙をはがして、❷の裏に、形にそってはりつける。

6 ❶のフェルトの上に、ブローチピンを置き、ブローチピンの幅の両はしから3mm内側に4か所印をつける。

右の図の点線のところをおるよ。

7 印の位置でフェルトをおって、はさみで3mm切りこみを入れ、開いたブローチピンをフェルトに差しこんで針をとめる。

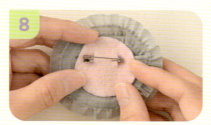

8 ❺と❼の裏に、接着剤をつけ、はり合わせる。

できた！

ロゼッタのブローチのできあがり！

材料・道具

- フェルト…一辺が5cmの正方形を2枚　　　糸…白いミシン糸　　　ビーズ…丸小ビーズの白（米）、黒（のり）、金（ふち）　　　ランチバンド　　　針…ビーズ用ししゅう針　　　接着剤…布用　　　はさみ　　　チャコペン　　　定規

作り方

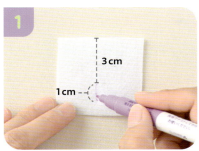

1 用意したフェルトの1枚に、上から3cmの位置に1cmの線をかく。

> 糸はしは、ビーズのキーホルダーと同じように5cm残しておくよ。7ページに、図でぬい方の説明があるよ！

2 50cmに切った糸を針に通し、線のいちばん下の裏から表へ針を出す。

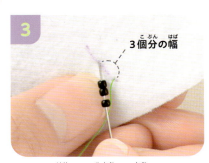

3 ビーズを針に3個通し、通したビーズの幅（3個分）と同じ長さをあけた線の上に、針を裏へさす。

> ぬい始めのビーズの糸はかならず一度固結びするよ。

4 裏で糸はしと固結びする。

5 ビーズの1個目と2個目のあいだに、裏から表へ針を出し、2個目と3個目のビーズを拾う。

6 同じようにビーズを3個針に通し、3個分あけて針をさし、4個目と5個目のあいだから針を出す。

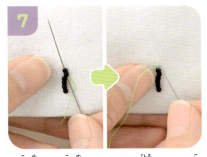

7 5個目と6個目のビーズを拾って、6個目のビーズの真上から、針を裏へさす。

8 1個目のビーズの右横に、裏から表へ針を出す。3、5〜7の作業をくり返して、全部で3列ぬいつける。

9 3列ぬったら、いちばん左下のビーズの横に、裏から表へ針を出し、同じように2列ぬいつける。

※3〜8まではわかりやすくするため色つきの糸を使っています。実際は白い糸を使ってください。

10 のりができたよ

最後のビーズの真上に針をさしたら、裏で糸を固結びして、糸はしを1cmほど残して糸を切る。

11 米をぬうよ。長さ50cmの糸を用意してね。

新しい糸を針に通し、左下のビーズの横から針を出す。糸はしを5cm残しておく。

12

白いビーズを3個、❸と同じようにぬい、裏で糸はしと固結びする。

13

コの字になるようぐるっと3個ずつ、❺❻と同じようにぬい進め、最後に1個ビーズをぬう。

14 2列目の最後はビーズを3個じゃなく、2個にするとぴったりうまるよ。

右下から針を出し、右から左へもどるようにして、2列目をぬい進める。

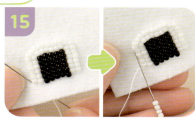

15

左下から針を出し、ビーズを4個針に通したら、4個分あけて針を裏へさす。

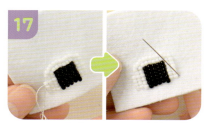

16

1個目と2個目のあいだに針を出し、2個目と3個目のビーズを拾う。

17

そのまま3個目のビーズの真上で針を裏へさしたら、右下から針を出して、❶❺❻と同じようにぬう。

18

左上から針を出し、上に3個ずつ、全部で9個ビーズをぬう。

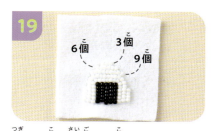

19

次に6個、最後に3個のビーズをぬいつけたら、裏で固結びをして余分な糸を切る。

20 糸の長さは50cm。糸はしは5cm残すよ。

おにぎりの底の真ん中から、新しい糸で金のビーズを⓫⓬と同じように3個ぬい、そのまま金のビーズを3個ずつぬい進めておにぎりをふちどる。

21 ぬった糸を切らないように気をつけてね！

裏で固結びしたら、糸を1cmほど残して切り、おにぎりの形にそって、フェルトを切る。

㉑のおにぎりの裏に接着剤をつけ、もう1枚のフェルトにはりつけてよくかわかす。

ぬった糸を切らないように気をつけてね！

おにぎりの形にそって、フェルトを切ったら、裏に接着剤をつける。

できた！

ランチバンドにはりつけたらできあがり！

アレンジでへんしん！　ウメおにぎり

赤いウメがアクセントになってかわいいよ！

材料・道具

- 型紙（39ページ）
- フェルト…一辺が約5cmの正方形を1枚
- 糸…白いミシン糸
- ビーズ…丸小ビーズの白（米）、赤（ウメ）、黒（のり）
- 針…ビーズ用ししゅう針
- はさみ
- チャコペン

糸の長さや最初の糸の処理は「おにぎりのランチバンド」と同じだよ！

1 型紙を写したフェルトの真ん中から針を出し、赤いビーズを1個ぬいつけて、裏で糸はしと固結びする。

2 ❶のまわりにビーズを3個ずつ、ぐるっとぬう。

3 黒いビーズを線にそってぐるっと3個ずつぬいつけたら、裏で糸はしと固結びする。

4 新しい糸を針に通し、白いビーズを3個ずつ、のりのすぐ内側から順にぬう。すきまは、1個ずつビーズをぬってうめる。

できた！

裏で糸はしを固結びして、おにぎりの形にそって、フェルトを切ったらできあがり！

マメおにぎり（型紙39ページ）も作ってみてね！
マメは丸大ビーズの黄緑を使うよ！

プラバン

リボンのヘアクリップ

作業時間
30分

レベル ★

プラバンにかいたり、ぬったりした絵が
つやつやのリボンにへんしんするよ！

材料・道具

- 型紙（38ページ）のコピー
- プラバン…フロストタイプ。型紙より大きめに切っておく
- ヘアクリップ
- 画材…水性マーカー（プラスチックにかけるもの）、色えんぴつ
- ニス…水性アクリルニス。水性塗料（トップコート）のツヤありタイプでもよい
- マスキングテープ
- ティッシュペーパー
- 作業用の紙…よごれてもよいもの
- 接着剤…金属やプラスチックに接着できるもの
- 筆…平筆
- 絵皿（ニスを入れる）
- オーブントースター
- トレー…熱に強い素材のもの
- クッキングシート
- アルミホイル
- はさみ

作り方

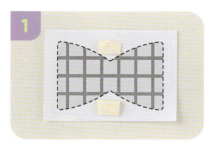

1 型紙の余白に、輪にしたマスキングテープを上下2か所にはる。

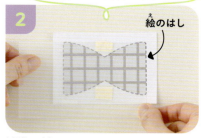

リボンのように、型紙の絵のはしが直線の場合は、プラバンのはしと絵のはしを合わせよう！

2 型紙の上に、プラバンのざらざらした面を上にして重ね、固定する。

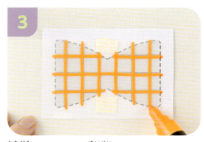

3 型紙のもようを水性マーカーでかく。

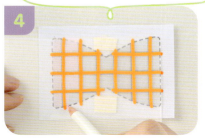

水性マーカーの上に色えんぴつの色を重ねてぬってもだいじょうぶだよ！

4 水性マーカーがかわいたら、色えんぴつでリボンの色をぬる。

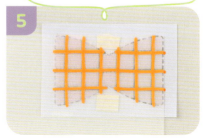

色が型紙からはみだしても、はさみで切るからだいじょうぶだよ！

5 色は型紙からはみだしてもよいので、すみずみまでしっかりぬる。

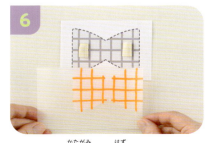

6 プラバンを型紙から外し、マスキングテープを、型紙の内側にはり直してから、またプラバンを重ねてはる。

急なカーブは一気に切ると、プラバンがわれることがあるよ！

7 プラバンの型紙にそって切る。写真のように、リボンの真ん中まで切ったら、反対側からはさみを入れて切る。

指もんや色えんぴつの粉、マスキングテープのべたべたしたよごれをふき取るよ！

8 型紙を外して、表（色をぬっていない面）をティッシュペーパーでふく。

9 大人といっしょにプラバンを焼く（焼き方は8ページ）。

10 焼いたプラバンを、クッキングシートごと大人に取り出してもらう。

11 プラバンをトレーで軽くおさえて、平らにする。

プラバンが冷めたら、ニスをぬる準備をするよ！

12 輪にしたマスキングテープを、プラバンの表（色をぬっていない面）にはり、作業用の紙に固定する。

プラバンの裏（色をぬった面）のよごれを取るよ。

13 マスキングテープを指に巻き、色えんぴつの粉などのよごれを取る。

ニスは、使い方の説明をよく読んでから、絵皿に出して使ってね！

14 筆でプラバンの裏にニスをぬり、かわかす。かわいたらまたぬる、をくり返し、2〜3回重ねぬりする。

15 ヘアクリップのどの部分にプラバンをつけるか、位置を決める。

接着剤は、使い方の説明をよく読んでから使ってね！

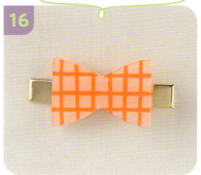

16 ヘアクリップに接着剤をぬって、リボンをはる。

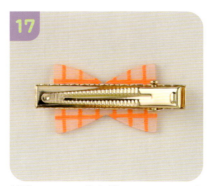

17 裏返しにして、接着剤がかわくのを待つ。

できた！

接着剤がかわいたらリボンのヘアクリップのできあがり。

アレンジ で へんしん！　カラフルリボン

ちがう型紙（38ページ）を使って いろいろなリボンを作ろう。服に合わせて変えれば、コーデの幅が広がるよ！好きな色をぬってね。

プラバン

① 水性マーカー
② 色えんぴつ

ストライプもようの リボン

水玉もようの リボン

① 油性マーカー
② 水性マーカー

ななめもようの リボン

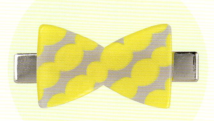

① 水性マーカー
② 色えんぴつ

接着剤で 引き出しの 取っ手につけて みたよ！

たいやきとお茶のマグネット

作業時間
各30分

レベル ★

ほっと一息つきたくなる、いやしのマグネット。
れいぞうこやホワイトボードを楽しくかざろう！

材料・道具

- 型紙（38ページ）のコピー
- プラバン…フロストタイプ。型紙より大きめに切っておく
- マグネット
- 画材…油性マーカー、水性マーカー（プラスチックにかけるもの）、色えんぴつ
- ニス…水性アクリルニス。水性塗料（トップコート）のツヤありタイプでもよい
- マスキングテープ
- ティッシュペーパー
- 接着剤…金属やプラスチックに接着できるもの
- 作業用の紙…よごれてもよいもの
- 筆…平筆
- 絵皿（ニスを入れる）
- オーブントースター
- トレー…熱に強い素材のもの
- クッキングシート
- アルミホイル
- はさみ

作り方

1

型紙の余白に、輪にしたマスキングテープを上下2か所につけ、プラバンをはる。

2

プラバンを焼く作業は（焼き方は8ページ）大人といっしょにやってね！

右の図の順番で、たいやきとお茶に色をつけ、21・22ページの❻〜⓭と同じ作業を行う。

図

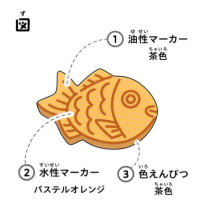

① 油性マーカー 茶色
② 水性マーカー パステルオレンジ
③ 色えんぴつ 茶色

3

色をぬった面が裏だよ。

筆でプラバンの裏にニスをぬり、かわかす。かわいたらまたぬる、をくり返し、2〜3回重ねぬりする。

4

マグネットに接着剤をぬる。

① 油性マーカー ブルーグレー
④ 色えんぴつ 黄緑
② 水性マーカー 白
③ 水性マーカー 青

5

たいやきとお茶のプラバンに、マグネットをはりつけ、よくかわかす。

\できた！/

接着剤がかわいたら、たいやきとお茶のマグネットのできあがり！

ロケットとUFOの バッグチャーム

作業時間 各30分
レベル ★

かわいくてポップなバッグチャーム!
持ち物のすてきなアクセントになるね。

材料・道具

- 型紙（39ページ）のコピー
- プラバン…フロストタイプ。型紙より大きめに切っておく
- ボールチェーン
- 画材…油性マーカー、水性マーカー（プラスチックにかけるもの）、色えんぴつ
- ニス…水性アクリルニス。水性塗料（トップコート）のツヤありタイプでもよい
- 穴あけパンチ…一穴タイプのもの
- マスキングテープ
- ティッシュペーパー
- 作業用の紙…よごれてもよいもの
- 筆…平筆
- 絵皿（ニスを入れる）
- オーブントースター
- トレー…熱に強い素材のもの
- クッキングシート
- アルミホイル
- はさみ

作り方

1

型紙の余白に、輪にしたマスキングテープを上下2か所につけ、プラバンをはる。

2
銀や金の水性マーカーは、かわく前に、ティッシュでおさえて余分なインクを取ると、完成したとききれいだよ！

右の図の順番で、ロケットとUFOに色をつける。

図

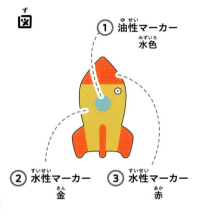

① 油性マーカー 水色
② 水性マーカー 金
③ 水性マーカー 赤

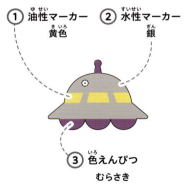

① 油性マーカー 黄色
② 水性マーカー 銀
③ 色えんぴつ むらさき

3
穴の位置はあとでわかるようにしておいてね。

穴の位置

21ページの❻❼と同じようにプラバンを切る作業までを行う。

4
プラバンを焼く作業は（焼き方は8ページ）大人といっしょにやってね！

穴あけパンチで穴をあけ、21・22ページの❽〜⓭と同じ作業を行う。

5
色をぬった面が裏だよ。

筆でプラバンの裏にニスをぬり、かわかす。かわいたらまたぬる、をくり返し、2〜3回重ねぬりする。

\できた！／

穴にボールチェーンを通したらできあがり！

材料・道具

- 型紙（39ページ）のコピー
- プラバン…フロストタイプ。型紙より大きめに切っておく
- ブローチピン…長さ25mm以下のもの
- 画材…油性マーカー、水性マーカー（プラスチックにかけるもの）
- ニス…水性アクリルニス。水性塗料（トップコート）のツヤありタイプでもよい
- マスキングテープ
- ティッシュペーパー
- 作業用の紙…よごれてもよいもの
- 接着剤…金属やプラスチックに接着できるもの
- 筆…平筆
- 絵皿（ニスを入れる）
- オーブントースター
- トレー…熱に強い素材のもの
- クッキングシート
- アルミホイル
- はさみ

作り方

> プラバンを焼く作業は（焼き方は8ページ）大人といっしょにやってね！

1

型紙の余白に、輪にしたマスキングテープを上下2か所につけ、プラバンをはる。

2

右の図の順番で、おばけに色をつけ、21・22ページの❻〜⓫と同じ作業を行う。

図

① 油性マーカー 黒
② 水性マーカー 白
③ 水性マーカー 赤

3 色をぬった面が裏だよ。

筆でプラバンの裏にニスをぬり、かわかす。かわいたらまたぬる、をくり返し、2〜3回重ねぬりする。

4

ブローチピンに接着剤をつける。

水性マーカーで広い面をぬるときの注意

水性マーカーで広い面をぬると、焼いたときに大きくそり返る。厚ぬりすると、さらにそり返るので、厚ぬりしすぎないようにする。そったときは、熱を加えればやわらかくなるので、もう一度焼いてからトレーでおさえるとよい。

5

プラバンの裏に、ブローチピンをはりつけ、よくかわかす。

＼ できた！ ／

接着剤がかわいたらできあがり！

おばけの仲間（型紙39ページ）も作ってみてね！

レジン

ドライフラワーのヘアゴム

作業時間 **30分**

レベル ★★

すき通ってかがやいて見える
世界にひとつだけの
花のヘアゴムを作ろう!

材料・道具

- UV-LEDレジン…クリアレジン
- ドライフラワー…適量（モールドに入れやすい大きさにしておく）
- シリコンモールド…楕円形（オーバル型）のもの。たて2cm、横3cmほどの楕円が使いやすい
- ヘアゴム…丸皿つきのもの
- ピンセット
- 手ぶくろ
- レジン硬化用ライト
- 調色スティック
- クリップ

作り方

1 シリコンモールドの半分までクリアレジンを入れ、調色スティックではしまで広げる。

2 時間はライトによってちがうよ。

ドライフラワーをピンセットでならべ、レジン硬化用ライトを、約2分当ててかためる。

3 クリアレジンを数てきたらし、調色スティックで、ドライフラワーの表面にうすくぬり広げる。

4 気泡があったら取りのぞくよ。

レジン硬化用ライトを、約1分当ててかためたら、シリコンモールドいっぱいにクリアレジンを入れる。

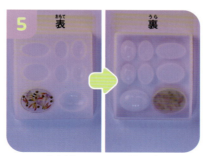 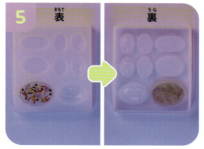

5 表　裏

レジン硬化用ライトを、表と裏にそれぞれ、約3分ずつ当ててかためる。

6 レジンが冷めてから取り出すよ。

シリコンモールドから、レジンを取り出す。

7 うまくつけられないときは接着剤でくっつけてもいいよ。

ヘアゴムの丸皿にレジンをうすくぬり、❻をのせて約2分、レジン硬化用ライトを当ててかためる。

8 ヘアゴムにレジンがつかないよう、クリップなどでまとめてから、❼の裏側全体にレジンをぬる。

＼できた！／

レジン硬化用ライトを、約3分当ててかためたらできあがり！

クマの きらきらマグネット

カラフルなクマのマグネットで 黒板をかわいくデコレーション♪

作業時間 **40分**

レベル ★★

材料・道具

- UV-LEDレジン…カラーレジン（花などの小物1〜2色。体1〜2色）。クリアレジン（体のカラーレジンにまぜる）
- マグネット…粘着テープつきのもの
- レジン調色パレット…1個
- 手ぶくろ
- シリコンモールド…クマの形。なければ別のものでよい
- レジン硬化用ライト
- 調色スティック
- 油性ペン

作り方

1

> 写真の色は、クリアレジンに白と青系のカラーレジンをまぜているよ。

レジン調色パレットに、体の色にするカラーレジンとクリアレジンを入れ、調色スティックでまぜる。

2

> いちばん深いところから順番にレジンを入れるよ。

花の中心に使うカラーレジンをシリコンモールドに入れ、レジン硬化用ライトを、約1分当ててかためる。

3

> 色を変えるときは、前の色をしっかりかためてから、次の色を入れるよ！

花びらに使うカラーレジンを入れ、レジン硬化用ライトを、約1分当ててかためる。

4

> 厚みのあるところは2回に分けてかためるよ。

❶のレジンを、足の部分に半分ほど入れ、レジン硬化用ライトを、約2分当ててかためる。

5

> レジンがシリコンモールド全体にいきわたるようにしてね。

全体に❶のレジンを入れ、すきまを調色スティックでなぞり、気泡を取る。

6
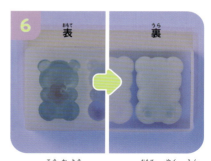

レジン硬化用ライトを、表に約5分、裏に約3分当ててかためる。

7
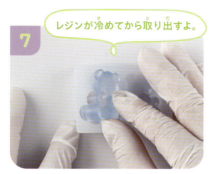
> レジンが冷めてから取り出すよ。

シリコンモールドから取り出す。

8

裏にマグネットをはる。

＼できた！／

油性ペンで、顔をかいたらできあがり！

ネコのシェイカーキーホルダー

作業時間 **1時間**

レベル ★★★

レジンでフレームを作って、好きなものをつめこめば
シャカシャカと音が楽しいシェイカーになるよ！

材料・道具

- UV-LEDレジン…クリアレジン、カラーレジン（フレームの色）
- ラメ（グリッター）…細かいものがよい
- ネイルパレット…とうめいのフィルム状のもの
- ミニパーツ…ビーズなど好きなものでよい
- ヒートン
- 丸カン
- スナップフック
- レジン調色パレット…2個
- ピンセット
- 手ぶくろ
- シリコンモールド…フレーム用
- レジン硬化用ライト
- 調色スティック
- ネイルブラシ
- 画びょう
- やすり…手芸用
- マスキングテープ
- 油性ペン
- はさみ
- やっとこ…平やっとこ2本

作り方

1. 金具をつけたい場所を決め、シリコンモールドのふちに画びょうをさす。

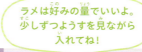

ラメは好みの量でいいよ。少しずつようすを見ながら入れてね！

2. レジン調色パレットに、クリアレジンとカラーレジン、ラメを入れ、調色スティックでまぜ合わせる。

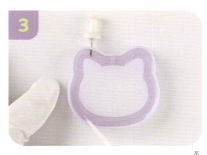

3. ❷をシリコンモールドのフレーム部分に流し入れ、調色スティックでふちをなぞり気泡を取る。

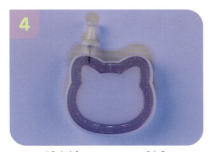

4. レジン硬化用ライトを、2分当ててためる。

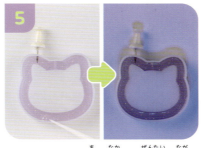

5. クリアレジンを、真ん中から全体に流し入れ、底の面を作る。気泡を取ってから、レジン硬化用ライトを、3分当てる。

6. ひっくり返し、裏にもレジン硬化用ライトを、3分当てる。

レジンが冷めてから取り出すよ。

7. 画びょうを回しながらはずし、シリコンモールドからレジンを取り出す。

8. 気泡の穴や段差ができているときは、調色スティックを使って❷のレジンでうめ、レジン硬化用ライトでかためる。

フレーム用のシリコンモールドには、オイルを入れるための穴があるよ。その穴をうめてね。

9. シリコンモールドの穴を、❽と同じようにレジンでうめ、レジン硬化用ライトでかためる。

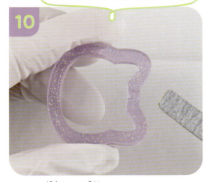

💬 けずりかすが落ちるので、紙などをしいておくといいよ。

10 うめた場所が、平らになるようにやすりでけずり、けずりかすをはらう。

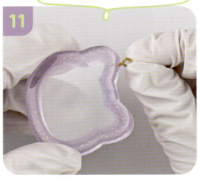

💬 レジンがかたまりにくいときは、接着剤でつけてね。

11 ヒートンにクリアレジンをぬり、画びょうであけた穴にさす。レジン硬化用ライトを、約1分当てる。

💬 油性ペンがフレームにつかないよう気をつけてね。

12 ネイルパレットの上に⓫を置いて、マスキングテープで固定し、油性ペンでフレームをなぞる。

13 線が残らないよう、線の内側をはさみで切る。

14 フレームの中に、ビーズなど好きなミニパーツを入れる。

15 クリアレジンをレジン調色パレットに出し、調色スティックで、フレームの上にうすくぬり広げる。

💬 フレーム部分は、ピンセットで軽くおさえて空気をぬいてね。

16 ⓭のネイルパレットをかぶせ、レジン硬化用ライトを、約1分当ててかためる。

17 図1の①の側面にクリアレジンを、ネイルブラシでぬる。

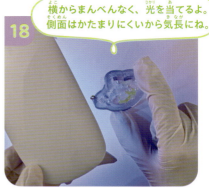

💬 横からまんべんなく、光を当てるよ。側面はかたまりにくいから気長にね。

18 レジン硬化用ライトを当てる。図1の②〜④も同じようにぬりかためる。図2のように、光が当たる場所に置いてもよい。

図1

1か所ぬり終わったら、その都度、レジン硬化用ライトを約2分当てて、かためてから次をぬる。

図2

スーパーのおそうざい入れに使われるようなプラスチック容器でもいいよ！

よごれないよう、クリアケースに入れるなどして、約30分～1時間（晴天時）ほど置く。

19

表面の真ん中にクリアレジンを出す。

20

レジンを少しずつ足して、表面にぷっくりと厚みが出るくらいまでぬってね。

側面にたれないようにしながら、調色スティックで全体にぬり広げる。

21

裏面も同じようにぬりかため、ぷっくりさせるよ！

レジン硬化用ライトを、5分以上当ててかためたあと、さわらずにそのまま約10分置いておく。

22

平やっとこを2本使って、丸カンを開く。

23

ヒートンに丸カンをつけ、スナップフックに通す。

24

平やっとこで丸カンを閉じる。

できた！

音が鳴るシェイカーキーホルダーのできあがり！

型紙

この本で紹介している作品の型紙だよ！
コピーしたり、写し取ったりして使ってね！

焼くと こんなに ちぢむよ

☆ プラバン　表になるのは、色づけしていないほうの面なので、完成すると右上のたいやきの絵（実物大）のように型紙のがらが反転し焼くと、型紙の約 $\frac{1}{5}$ の大きさにちぢみます。

> リボンみたいな左右対称のがらは、表と裏をあまり気にしなくていいよ。文字をかくときは鏡文字にしてね。

● **リボンのヘアクリップ**（20ページ）

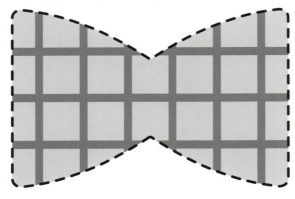

● **ストライプもようのリボン**（23ページ）

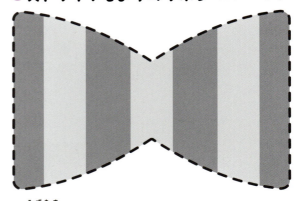

● **ななめもようのリボン**（23ページ）

● **水玉もようのリボン**（23ページ）

● **たいやきとお茶のマグネット**（24ページ）

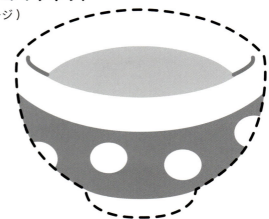

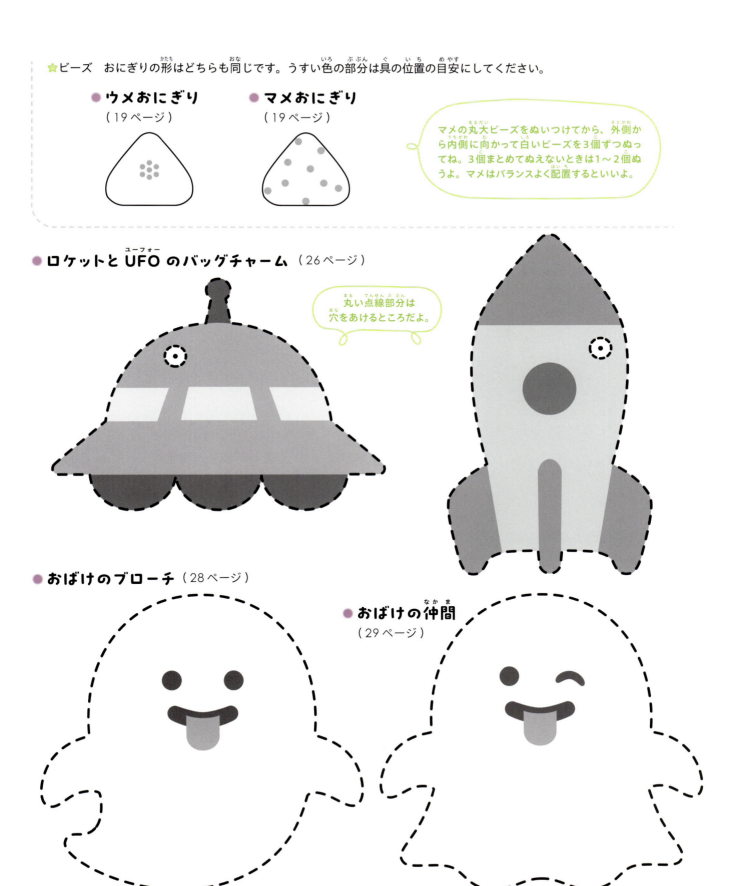

作家

⭐ napinapi (ナピナピ) (p.10-19)
群馬県在住のビーズ刺繍作家。動物や食べ物、花など様々なモチーフの小物作品を展開。子どもから大人まで使える個性的なアイテムが好評。ハンドメイドイベント出展、委託販売などを行っている。

⭐ 福家聡子 (ふけさとこ) (p.20-29)
イラストレーター・雑貨作家。企業からの依頼でイラストを描いたり、オリジナルグッズの委託販売など行っている。著書に『マーカーと色鉛筆でつくる プラバンアクセサリー 2』(文化出版局)、『はじめてのぷち♥かわプラバン』(ほるぷ出版)、『大相撲語辞典』(誠文堂新光社) などがある。

⭐ こまりんレジン (p.30-37)
レジン作家。作り方の発信や、ハンドメイドイベント、販売などを行っている。Comarimade として 2024 年「第 29 回日本の美術全国選抜作家展　人気アーティスト賞」受賞。

編集・制作	株式会社アルバ	デザイン	株式会社ミル
協力	山下恭子	DTP	Studio Porto
写真撮影	林 均	イラスト	能勢明日香・門司美恵子
スタイリング	みつまともこ	校正・校閲	株式会社聚珍社

かわいい! がいっぱい
100円ショップではじめての手芸
② ビーズ・プラバン・レジンでつくる

発行	2025年4月　第1刷
発行者	加藤裕樹
編集	小林真理菜
発行所	株式会社ポプラ社 〒141-8210　東京都品川区西五反田3-5-8　JR目黒MARCビル12階 ホームページ　www.poplar.co.jp (ポプラ社) ／ kodomottolab.poplar.co.jp (こどもっとラボ)
印刷・製本	株式会社C&Cプリンティングジャパン

©POPLAR Publishing Co.,Ltd. 2025　Printed in China
ISBN978-4-591-18418-9/N.D.C.594/39P/27cm

乱丁・落丁本はお取り替えいたします。ホームページ (www.poplar.co.jp) のお問い合わせ一覧よりご連絡ください。／本書のコピー、スキャン、デジタル化等の無断複製は著作権法上での例外を除き禁じられています。また、本書の作品及び型紙は個人的に楽しむ場合を除き、製作・販売することは著作権法で禁じられています。／本書を代行業者等の第三者に依頼してスキャンやデジタル化することは、たとえ個人や家庭内での利用であっても著作権法上認められておりません。

P7257002

かわいい！がいっぱい

100円ショップで はじめての手芸

全5巻

1. フェルト・羊毛フェルトでつくる
2. ビーズ・プラバン・レジンでつくる
3. 布でつくる
4. ねんどでつくる
5. ゆびあみでつくる

N.D.C.594

- 小学校中学年以上向き
- A4変型判
- 各39ページ
- オールカラー
- 図書館用特別堅牢製本図書

ポプラ社はチャイルドラインを応援しています